오선 이민숙 다섯 번째 시집

오선지에 앉은 나비

오선문예

시인의 말

먼저 중앙대학교 이승하 교수님께서
저의 제5시집에 대한 서평 추천글을
적어 주심을 진심으로 감사드립니다
저의 시집들은 선순환을 하고 있습니다
이미 시중에 나갔던 글 중에 반응이 핫했던
글을 찾아서 묶어 나가는 순환입니다

매일 하루에 한편의 글이 8년 동안
글밭으로 나가면서 제5시집 제호로 발표했던 "오선지에 앉은 나
비"를 포탈 SNS 검색해 보았더니
이미 120편이 올라와 있습니다

먼저 독자들이 담아 갔던 글 중에
도드라진 글을 엮어가는 시스템은
제2시집 때부터 이어지고 있었습니다

추천의 글/서평

중앙대학교 이승하 교수

문학의 여러 장르가 인공지능이나 쳇gpt의 위협을 받고 있습니다. 디카시 쓰기와 시낭송대회가 붐을 이루고 있습니다.

순수시 혹은 자유시의 시대가 가고 만 것일까요? 그렇지 않습니다.

시인이 대중과 소통하고 만나고 있습니다.

독자에게 위안을 주고 용기를 주는 시인이 있습니다. 지나친 난해함과 산문형의 시, 몇 장씩 이어지는 긴 시가 평론가의 응원에 힘입어 훌륭한 시로 인정받고 있습니다.

하지만 독자들은 그런 어려운 시, 긴 시를 좋아하지 않습니다. 여기, 생명체 유한함을 애달파하는 시인이 있습니다. 뭇 생명체의 생명력을 예찬하는 시인이 있습니다.

우리 사회의 비정함을 질타하고 이웃과 더불어 살아가는 일의 아름다움을 노래하는 시인이 있습니다. 眞善美가 낡은 미덕이라 생각하지 않고, 현대인에게 더욱 필요한 덕목임을 일깨워주는 시인이 있습니다.

자연과 더불어 살아가는 것이 참으로 중요하다고 역설하는 시인이 있습니다.

그 시인의 이름은 이민숙입니다.

시의 대중화를 위해 다방면으로 활동해온 흔적이 역력한데, 그런 행동에 초점을 맞춰 오다 문득 깨달은 것이 있습니다.

송충이가 솔잎을 먹듯이 시인은 시를 써야지. 그래, 다시 쓰자.

이렇게 작심하고 쓴 시들을 보니 짧고 간결하지만 독자를 만나고 있는 것이 확실합니다. 독자들의 사랑을 받는 시인으로 거듭나고자 하는 이민숙 시인의 작업을 기대감을 지켜보고자 합니다.

시인은 신의 위임을 받은 자들입니다. 언어로 세계를 창조할 수 있으니, 시인들이 시를 쓰고 있을 때, 신은 휴식을 취할 수 있습니다. 신이 휴식을 취하고 있을 때 시인은 시를 씁니다.

신과 시인과 역할분담! ─**이승하**(시인, 중앙대 교수)

목차

1부 ___ 기다리는 사람이 있다

기다리는 사람이 있다	2
그대여 일어나라	3
당신의 바다	4
그 해 여름 바다	6
마음 저울	8
그 바다	9
나는 바람입니다	10
행복은 곁에 있다	11
여름날의 햇님 달님	12
사랑하는 일	13
독도	14
그네 의자	15
생명의 봄비	16
아름다워 지는 길	17
바람 속을 걸어온 너	19
강둑에 서면	20
6월에 띄우는 엽서	21

슬픈 겨울 호수　　　　　　22

바다의 두 얼굴　　　　　　23

우리들의 삶　　　　　　　24

일어서는 너　　　　　　　25

선물 같은 하루　　　　　　26

겨울에게　　　　　　　　27

바람이 스치는 냇물　　　　28

차가운 사람아　　　　　　30

떠나는 가을에 아파하지 말자　31

뿌리 없는 꽃　　　　　　　32

그대 먼 곳에　　　　　　　33

나를 인도 하는 빛　　　　　34

2부___나를 찾아가는 길

나를 찾아가는 길　　　　　38

7월에 띄우는 엽서　　　　　39

그 녀석　　　　　　　　　40

그리움을 마신다　　　　　　41

두물머리 강가에서　　　　　42

당신이 필요합니다　　　　　43

간극	44
당신은 좋은 사람입니다	45
우리는 알고 있어요	46
헛된 일이었을까	47
인연 항아리	48
채송화	49
꽃이 비에게	50
내 마음의 잣대	51
나이라는 벽	52
고독이 밀려올 때	53
겨울을 좋아하던 당신	54
고백하건대	55
마음 밭	56
새벽을 깨우는 바램	57
오늘은 나만 생각할래	58
고향 하늘	59

3부 __ 바람이 전하는 말

바람이 전하는 말	62
비 오는 날의 수채화	63
중독의 씨앗	64
달빛이 하는 말	65
시절 인연	66
그네 의자	67
커피 향으로	68
봄꽃 앞에서	69
사랑하기 좋은 날	70
행복한 당신을 응원합니다	71
바람 속을 걸어온 너	72
비어 버린 커피잔	73
한 그루 단풍나무	74
사랑하고 사랑하는 것은	75
그대는 누구신가요	76
그대 떠난 빈자리	77
비를 타고 내리는 외로움	78
꽃이 집니다	79

4부 ___ 때론 우리는

때론 우리는	82
5월에 띄우는 엽서	83
6월의 장미	84
윤동주의 바람	85
그래도 행복한 사람들	86
8월에 띄우는 엽서	87
봄동	88
그래도 울지 마라	89
가는 세월이여	90
당신이 좋은 이유	91
강인한 풀꽃	92
삶은 어디로 가나요	93
이대로 행복해 볼까요	94
넘치지 않기를	95
슬퍼하지 마	96
설날	97
손톱	98
마음 길에서	99
내 마음의 온도	100

해님과 달님이 본 세상　　101
울타리　　102
편안해지는 것들　　103

5부___멈춘 기찻길

멈춘 기찻길　　106
내 마음의 등불　　107
내가 당신을 사랑하는 이유　　108
당신이 행복했으면 좋겠습니다　　110
단풍의 반란　　111
빛과 어둠　　112
사람들이 하는 말　　113
수선화　　114
눈물꽃　　115
자리를 지키는 꽃　　116
여름밤의 유혹　　117
지독한 여름 사랑　　118
사랑이 떠나갈 때　　119
잠들지 못하는 봄밤　　120
단풍의 속내　　121

한 해를 보내며	122
나의 어머니	124
내 마음의 그릇	125
이해하기로 결정했어	126
커피 같은 사람	127
새해 첫날	128
당신이 잘못하는 것	129
가슴을 데워주던 할머니	130
순 우리말 글짓기 수상작	130
박꽃 같은 울엄마	132
순리	133

1부

기다리는 사람이 있다

기다리는 사람이 있다

알곡을 죄다 뜯긴 지푸라기도
새의 부리에 물리면
벽돌이 되고 집이 되고

먹다가 버려진 빵 부스러기도
개미 입에 물리면
생을 살찌우는 양식이 된다

툭툭 내가 찬 돌멩이를
붙들고 사는 이끼는
버려진 돌이라도 마다하지 않는다

그대 버려졌다고 여기지 마라
세상에서 쓸모 없어졌다고
차마 생각하지 마라

한낱 흩날리는
먼지가 되었어도
그대를 그대만을 기다리는 사람이 있다

그대여 일어나라

푸석하게 돌아눕던 풀숲이
저마다 꼼지락거리며
묻어 두었던 이름을 찾아 나선다

겨우내 어디서 와서
어디로 가는지 알 수 없던 먼 길
문지방을 넘어온 새봄은
뒤척이며 잊힌 것들을 찾느라
작은 손으로 이마를 짚어 본다

검불 속에서 깨어난 숲
새 가지를 뻗어가도
뒤돌아서면 버려지는 것들은
원점에서 멈추어 서고
힘을 내는 숲은 물오름으로
저마다 움을 틔우고
싹을 찾아 살 길을 찾아간다

그대여 어서 일어나라
해가 중천이다
흙을 털고 무릎을 펴는
여린 봄을 따라 가 보자

당신의 바다

밀물 같은 그대 물밀듯 밀려와
내 가슴에 일렁이며
출렁 출렁 파도치는 그대

간조 바다에
무수히 쌓아 올린 방파제는
한낱 장난감 같은 벽돌이었나요

먼바다 뒤로하고
정신없이 맨발로 뛰었것만
내 키를 훌쩍 넘어버린 만조 바다는
소리 한번 지를 틈도 없이
포말로 부서져 물바다가 되었습니다

저 키 큰 집채만한 파도가
철썩철썩 심장을 넘나들면
천하의 누군들 무너지는 가슴을
무엇으로 곧추세울까요

당신의 파도가
밤낮으로 철썩거리면
흔들리는 마음은
또 무엇으로 다잡을까요

저 뜨거운 태양이 온 누리에
마구잡이로 덮어 내리듯
당신의 바닷물이 첨벙첨벙 덮어오면
뉘라서 부서지는 파도 앞에 젖지 않을까요

그 해 여름 바다

바다라서, 바다니까
받아줄 수 있던 그 마음
도무지 열리지 않던 속 좁은 냉 가슴은
파도가 부수며 열어 놓았지요

무거웠던 그대 가슴으로
푸른 물이 일렁이고
차갑던 내 마음에는 갈매기가 날았지요
하얀 조가비 언뜻언뜻 보이는 모래밭에
손가락으로 하트를 크게 그리고
오늘을 잊지 마요

모래 밭에 적은 글자
가슴에 새기던 그 해 여름 바다
그 바다는 변함이 없건만
이젠 같은 마음이 될 수 없는 우리는
아련한 추억만 줍습니다

그 바다에 다시 하트를 그리면
어느새 파도가 쓸어가버리고
사랑해라는 글씨는 흔적도 없지만

가슴으로 달려보는 하얀 파도
그 해 여름바다를 상상하며
아득한 길 따라 눈을 감아봅니다

마음 저울

눈을 뜨는 순간부터
마음길을 내느라고
허공에 떠돌아 다니는 마음은
저울을 들고 섰다

눈길 손길 발길
내용만 챙기면 형식이 가난하고
형식만 따지면 내용이 부실한
그런 일상들이 모여서
하루 하루를 만들고
한달을 엮어서 생이 된다

너무 무거워지는 마음은
한 발 앞으로 내 딛기가 참 버겁고
너무 가벼운 마음은
사라지고 날아가서 손에 잡히지 않아
또 마음이 허탈하다

춥거나 덥지 않게
적당히 옷을 챙겨입고 온도 조절을 하는 것처럼

무겁거나 가볍지 않게
마음의 온도를 수시로 들여다 보아야
저울질하는 마음 다치지 않을 테다

그 바다

할 말 대신 하얀 파도가
내 심장을 때리고 부수며
말하지 않아도 된다고 호통친다
툭 내려놓은 가슴
곡선을 그리는 해안선 따라
넓게 바라보고 있자니
어느새 내 마음 갈매기 등에 앉았다

갯바위에 앉아 낚시하는 환호는
바닷가 추억 낚느라 물고기가 없어도
지상 천국을 만끽한다
막힌 가슴이 뻥 뚫어지는 저 소리
바다라서 바다니까 받아 줄 수 있는
해당화의 너른 품이 마냥 좋다

해솔길 따라 창 넓은 카페에 앉아
바다 태우는 낙조를 바라보며
붉은 바닷물을 천천히 마신다
마신 바닷물에 취기가 흥건히 오르면
간조 바다가 만조가 될 때까지
붉은 뺨 어깨 위로 넘실넘실 넘나드는
바다와 한 몸 찰싹찰싹 파도를 탄다

나는 바람입니다

그대가 원하지 않아도
나는 그대 곁을 스쳐갑니다
한참은 그대 곁에 머물고 싶지만
등 뒤에서 또 다른 내가
마구잡이로 밀쳐냅니다

그대가 나를 잡아 주기를
간절히 바라지만 눈먼 그대는
나를 볼 수도 없습니다
나는 무리 지어 몰려다니지만
뿌리도 없고 뼈대도 없어
그 무엇도 마음대로 할 수 없습니다

그런 나를 사람들은
한곳에 얌전히 머물지 못하고
싸돌아다닌다고 나무랍니다
그대가 원치 않아도
덥거나 추우면 산들바람 봄바람
이름표를 붙여가며
그대에게 닿고 싶은 나는 바람입니다

행복은 곁에 있다

가장 소중한 것은
가장 가까이에 있다
숨 쉬는 공기가 그렇고
밥 먹는 가족이 그렇고
오묘한 핸드폰 세상이 그렇다

때론, 구름도 뭉쳤다 찢어지는 것처럼
내 생각과 다르게 흩어지고
돌아앉을 때가 더러는 있다

관계가 어려워 머릿속이 하얗다면
누구를 믿기보다는 거울 앞에 서서
덜하지도 더하지도 않은 사실을 보라

수평의 관계란 김제 평야같이
휘어진 생각을 펴고 마주 선 관념은
한쪽으로 기울지 않는다

우리가 잊지 말아야 할 것은
한 생 소중한 것은 행복이고
그 행복은 바로 곁에 있음이다

여름날의 햇님 달님

햇살보다 먼저 창을 열어젖히고
간밤의 꿈 이야기 전하는 당신
화창한 날씨 만큼
상큼한 사과 향 담뿍 풍기며
과일즙을 들고 서 있던 당신
이슬 방울 촉촉히 맺힌 뜨락
희망을 물어 오던 파랑새는
배롱나무 꽃 그늘에 앉아 지줄대는
그런 평온한 날이면

캔맥주와 오징어포 들고
한강 둔치에 앉으면
소소한 일상은 물새가 듣고
출렁출렁 강물이 대답하던 날
푸드득 물새 떼 날아오르면
서로의 어깨를 말없이 내어 주고
쿵쿵 심장 소리 나누어 들었지요
밤은 깊어 가고 별자리 찾기 하다가
견우직녀의 마음을 헤아리고는
우리 생에 무슨 불만이 있을 수 있겠는가
정수리에 찰박찰박 쏟아져 내리던
검푸른 은하 강 따라 마음도 흐르면
더 먼 오작교를 놓았지요

사랑하는 일

사랑하는 일이 힘들어도
아니 할 수 없는 것은
눈물로 빵을 먹고
공허한 안갯속을 걸어도
사랑하는 일을 포기할 수 없는 생이여

가시 돋힌 밥을 먹어도
하고 싶은 일을 위해
하기 힘든 일을 해내야 하는
녹록지 않은 세상사

얇은 날개로 날갯짓하는 잠자리
모두가 잠들어도 힘을 내는 별
꽃은 비바람에도 피어야 하는 일이다

세상사 사랑하는 일을
시를 적고 노래하고 그려보아도
사랑은 상상만으로 이루어질 수 없는 것

사랑은 결국 행동이다
사랑은 사랑하는 사람의 것이다

독도

방파제를 할퀴는 망망대해
독도는 검푸른 바다에 서서
하루를 밀어 올리는 햇덩이를
두 팔뻗어 품어 안고
대한의 푸른 심장을 지키고 섰다
한국령의 깃발을 가슴에 꽂은 독도
넘어져도 발딱발딱 일어서는 오뚝이같이
격동의 시대에도 오천 년을 이어 온다

대한의 긍지인가 혈손의 기백인가
동녘에 콕 찍은 복점 황금어장 품고 있는
온 국민의 사랑 덩이 괭이갈매기도
알고 있었는지 오천 만의 염원을
날개에 달고 지천의 힘으로 끼룩~아리랑
끼룩 끼룩 ~아리 아리랑
하얀 태극기가 되어 하늘을 지키고

땅을 지키는 보랏빛 해국은
무궁화의 기운을 담뿍 받아
조국의 바램을 꽃잎에 담아 놓고
덩더쿵 쿵덕 덩더쿵 쿵덕
뿌리마다 지신 내려 독도를 둘러싸고
세세 무궁 피고 지고 핀다

그네 의자

솜사탕 하나씩 나누어 들고
그네 의자에 나란히 앉아
발바닥을 살짝 밀어 볼까나

녹아내린다 솜사탕 따라
출렁출렁 오가는 리듬을 타면
너를 향한 내 마음 너는 보았니

피워 오른다 솜사탕 따라
살랑살랑 오가는 바람을 타고
나를 향한 그 미소 나는 보았다

날아다닌다 빙글빙글 그 마음
소리 없이 살포시 잡아볼까나
빙빙 돈다 솜사탕은 구름이 되었다가
저 바람은 간지럼을 피운다

돌고 돌아오면
내 마음 두둥실 구름 뒤를 따르고
돌아돌아 내려오면
그대 마음 가만사뿐 풀밭에 앉는다

생명의 봄비

달게 마신 봄비
만삭의 버들강아지
지천으로 피어나는 야생화
앞다투어 살아 있었다고 깃발을 든다
양수 같은 단비 받아
어둡던 흙을 쪼아대며
실핏줄과 혈관을 열어 놓고
용솟음치며 생명의 봄 힘껏 낳는다

초록 혁명은
푸른빛 채색으로 차오르고
분홍빛 고백은
저마다 초롱한 눈으로
한 줌 흙에서도 뿌리를 내리고

사방에 가시로 둘러싸인
덤불 속 탱자도 눈을 뜨고
언덕배기 찔레꽃도 햇살과 바람을
덥석덥석 베어 물었다
고군분투하는 야생화를 보라
어떻게던 피어나야 한다고
토지의 시간을 부여잡고 실랑이를 한다

아름다워 지는 길

젊은 피를 빼앗아 가던 세월이
차마고도를 힘차게 달려
산기슭 노두에 이러니
미투리를 신은 채 절벽 위에 섰다

엉터리 같은 세상이 흔들어 놓을 때마다
밭은 기침으로 허물어진 마음에는
이젠 단단한 근육이 차올랐다

미열을 거뜬히 걷어낸 체력은
마음의 지렛대로 중심을 잡고
신전 회랑을 거닐며 구멍 난 세상을
읽어 내린다 누군가를 탓하면 그럴수록
마음이 탁해져 푸른 힘을 빼앗기고
개운치 않았지만

밖에서 찾던 그 탓이
내 안에 있다고 생각하니
사막이던 눈앞에 푸른 초원이 펼쳐진다

아장아장 걷던 시계는

어엿한 성인이 되어
한결같은 소나무같이 그늘도 내어 주고
소담스레 봄꽃도 피우라며
겸허한 시간은 흙이 되었다

####################

주석
차마고도~말이 달리는 험준한 산길
노두~ 바위가 드러난 길
미투리~ 풀잎으로 엮은 신발
회랑~ 소중한 곳을 지키는 길
밭은 기침 ~얕은 기침

바람 속을 걸어온 너

헝커러진 머리카락
사연마다 쓸어 올리고
앙다문 입으로
할 말을 삼킨 그늘진 고독
베일에 가려진 알 수 없는
지난날은 고이 접어 두고
세찬 바람 가르며 달려왔을 그 마음
보이게 혹은 보이지 않게
주마등같이 스치는 세월을
꺼내 본들 무슨 소용 있을까

내가 먹고 자란 사랑이
더러는 쓴맛이 들어 있어도
뒤란에 묻어 둔 매실청같이
세월을 두고 발효된 깊은 맛이라면
알 수 없는 커피향과 같아
씹을수록 단맛이 우러나는 먼 세월
뚜껑을 덮어둔 아득한 추억에
달보드레한 봄바람이 분다

강둑에 서면

풀잎 타는 소리는
풀벌레가 알아듣고
꽃 피는 소리는 벌 나비가 알아듣지요
낙엽 타는 냄새가 산야를 물들이면
침묵의 아우성 숲이 알아 들어요

그대 가슴 타는 소리
강물 언저리에 여울지면
그늘진 마음 호주머니에 쿡 찔러 넣고
발밤발밤 방천을 걸어요

꼬리질 하는 물고기 떼 자맥질
멍하니 보고 있자면
강물은 어깨 위로 참방참방 흘러요

풀잎 타는 소리
풀벌레 교미하는 소리
꽃잎 피고 지는 소리
강둑에 서면
그대 목소리는 강바람 타고 와
고요한 내 심장을 두드려요

6월에 띄우는 엽서

한 생 중턱에 걸터앉은 당신
앞도 보고 뒤도 돌아보며
발자국을 살피며 걸어 왔을 당신
더러는 실패한 인생이라고 했던가요
다시 시작해도 늦지 않을 당신입니다

혹여 그대 성공한 인생이라면
너무 일찍 축배의 잔을
높이 들고 있는 것은 아닐까요
푸른 잎맥에 벌레가 앉아도
잎잎이 단풍으로 물들 때까지
폭풍에도 뿌리를 지켜며
자양분을 나누는 중년의 그대

질풍노도에 힘 잃은 나무도
단단히 끌어안고 수액을 나누며
탐스러운 열매가 맺힐 때까지
잡고 있는 젖줄을 놓아서는 안됩니다
당신은 넉넉히 할 수 있습니다
푸른 힘이 넘치는 중년의 나이
6월이니까요

슬픈 겨울 호수

쓸쓸한 겨울 호수 말이 없다
차갑게 얼어 붙은 고독은
단단하게 이빨을 드러내고
아프게 몰아치는 매운 바람
시린 가슴 들썩이니
산 그늘이 호수 속에 잠겨
평정심을 찾으라고 소리 친다

휘날리는 백설의 눈발은
후려치는 마음에 부대끼다
내 뺨을 스치고 형체 없이 사라질 때
평안을 보이는 잔잔한 호수
의연한 척 도도하지만
겸손을 가르치며 비우란다

그렁그렁 떨어져 내리는
고뇌의 그늘이 짙게 드리우면
아린 기억 덩이가 서걱대며
싸늘한 칠갑산 협곡을 딛고
담녹색 청장호에 고여오니
겨울 호수는 소리 없이 울먹인다.

바다의 두 얼굴

어부는 낚시를 해야 한다
미끼라는 심리전을 펼쳐
전화로 카톡으로 수없이 던지는 밑 밥
물고기를 건져 올려야
한 끼 식사를 할 수 있다

잡히지 않으면 살고
잡히면 먹히는 물고기
저 넓은 바다를 용을 쓰며
피해 다니는 바다의 두 얼굴

밖에서 보기에는 평화로운 저 바다
잡아야 살고 잡히면 죽는 세상이 있다
매일같이 날아오는 낚시줄에
낚이지 않으려면
눈을 뜨고 귀를 열어야 할것이다

우리들의 삶

좋은 부모를 만나고
가난한 집에서 태어나는 것은
내가 어찌할 수 없었던 일이었습니다
다만 내가 무엇을 남길 것인가는
어쩌면 내 책임입니다

상대가 나에게 상처를 주고
괴롭히는 것은 내가 어찌할 수 없으나
그것을 받고 안 받고는 내가 결정합니다
행복한 마음도 상대가 나에게
퍼 주는 것이 아니라
내 속에서 내가 만드는 일입니다

불행도 당신 때문이 아니라
내가 그 길을 걸어왔고
내 속에서 만들어 낸 내 것입니다
가난도 불행도 하늘의 책임이 아니라
내 책임이라면 관계 정리와 관계 회복도
오직 내가 결정짓는 내 일입니다

일어서는 너

쓸쓸히 부서지는 저녁은
다시 고요히 일어서는
아침이 있었기 때문이요

무성하게 내리던 그늘이
나무의 뼈를 앙상하게 드러낸 것은
기다림을 가르치는 까닭이다

달빛이 소리 없이 강물을 건너고
별빛이 까닭 없이 빛나는 것은
아직도 우리의 사랑을 다하지 못한 이유요

저물녘 황망히 떨어지는 꽃잎은
밀어 올리는 꽃대가 있기에
일어서는 아침과 돌아오는 그늘이
아직도 우리 곁에 머물고 있는 이유다

출렁이는 물살이 이리저리 부딪히며
아픈 소리를 내는 것은
너와 나 우리같이 일어서기 위함이다

선물 같은 하루

대문 앞에 오늘이
소리 없이 와 있을 테다
어젯밤에 오늘을 어떻게 쓸까
살뜰하게 받을 준비를 하였다면
오늘 하루는 어땠을까

어제처럼 오늘도 오늘처럼 내일도
착착 도착하는 오늘을
무의미하게 보내고 또 보내 버린다면
잘 살고 있다고 말할 수 있을까

우리에게 신은 똑같은 하루를 주셨다
가꾸며 사는 사람에게 긴 하루를
놓치는 사람에게 짧은 하루를
주신 것은 아닐 테다

거두는 일보다 심는 일을
챙기는 일보다 나누는 일을
사라지는 일보다 새기고 남기는 일을
선물은 그렇게 쓰이기를 바랄 테다
점 같은 우리네 인생길에
아침마다 도착하는 선물이
매일 조금씩 줄어든다면.

겨울에게

봄꽃으로 가려 놓았던 생각도
여름 잎으로 덮어 놓았던 마음도
가을빛에 젖어 있던 가슴도
겨울 앞에서 실체를 드러낸다

한때는 기세 등등 했던 푸르름
아득히 저문 계절은
생각의 서랍마저 열어젖히면
투명하게 드러난 겨울의 마음

훌훌 보내고 홀로 선 외로움
덩그러니 비워진 빈 마음
햇살 따라가던 바람도 길을 잃고
앙상한 가지에 걸렸다

깡마른 핏기로 뿌리 지키며
침묵하는 묵언 수행은
차디찬 여백 위를 쓸쓸히 홀로 걷는
흰 겨울은 터널이 깊다

바람이 스치는 냇물

언덕 넘어 부는 바람
냇물에 닿으면
코를 킁킁거리지 않아도
오감을 자극하는 바람이 참 좋았지

설익어 풋내 나는 사랑이라
스치는 바람이 알아차리지 못해도
냇물은 발걸음을 맞추고 싶었지

바람이 평지를 걸어갈 때
냇물도 평평하게 흘렀고
성난 바람 이빨을 드러내고
거친 협곡으로 휘몰아칠 때
냇물도 하얀 뼈대를 드러내고
깊은 수심은 폭포가 되었지

꽃잎을 흔드는 봄바람
가을 낙엽 딛고 갈 때
아우성 치는 시냇물 소리가
강으로 바다로 깊이 흘러가면
그때는 모르리

웃어도 울어도 모르리
냇물의 가슴은 소리를 잃어
영영 모르리

차가운 사람아

무딘 사람아 곁을 내어 주어도
눈길도 발길도 모르는 사람아
수평을 이루는 관계가 아니라면
가까스로 잡은 끈 놓아 버린다지

휘어진 땅은
길이 없어 돌아서 가고
끊어진 길은
땅이 없어 샛길로 빠진다지

세 번은 다가가고
두 번은 기다리고
한번은 손 내밀어도 도통 모른다면
등을 돌려 딴 길을 본 단지

사람아 차가운 사람아
고드름이 되어도 모르고
살얼음이 되어도 모르고
빙판이 되어도
겨울의 마음을 알아 보지 못한다면

누군들 곁에 머물까
그대여 곁에 있을 때
그대 곁을 내어 주어라

떠나는 가을에 아파하지 말자

모두가 지는 빛으로 스산하다
단풍은 왜 피멍이 들어 아파하는가
늦가을은 왜 겨울보다 더 추운가

가을꽃은 향기만 남겼고
하늘도 들판도 추억만 남겼다
늦가을에 쏟아지는 저 쓸쓸한 아우성
떠나는 것들이 너무나 많아
따뜻할 수 없는 텅 빈 거리
아쉽고 서글퍼서 몸서리친다

시리고 을씨년스러운 이때
아린 이별은 하지 말자
얇아지는 햇살로 살결은 차가운데
마음에 쏟아붓는 찬물은 냉혹하지 않던가

미련만 남기고 떠나는 가을 앞에
태연한 이들은 가슴이 없는 것이 아니다
의연하게 흘려보내고
아무리 혹독해도 겨울 채비를 하지 않던가

뿌리 없는 꽃

물 위에 핀 연꽃을 보라
뿌리내릴 흙이 없어도
고고한 자태로 꽃대를 올렸다

자양분을 뿜어 줄
보드라운 바닥이 없어도
물 위에 서서 흐드러지게 핀다

씨방을 안고 날아다니는
민들레 홀씨는 어떤가
족보가 없어도 꽃의 소임을 다한다

한 줌 흙이 없어도
꽃대를 올리는 연꽃이나
씨방을 품고 부모 곁을 떠나
한없이 방황하다 집 짓는 민들레 홀씨나

족보가 없어도
부모를 원망하지 않는다
뿌리가 없어도 꽃 피우고
족보가 없어도 열매 맺는 인꽃을 보라

그대 먼 곳에

지나쳐 버린 꽃길
놓쳐버린 파도 소리
멀어져간 낙엽들의 속삭임

별빛 담은 커피잔을 마주하고도
잡지 못한 그 마음
숱한 밤 쓸쓸히 떠돌고

순백의 겨울 영롱한 눈빛
하얀 눈 속에 묻힌 웃음을 찾다가
눈밭을 뒹군 그 마음

얼마나 더 달려가야 그대 별에
닿을 수 있을까
얼마나 더 기다려야 그대 손을 잡을까

다가가면 멀어지는
나의 꿈 나의 별 그대

휘영청 달빛도 어둠을 뚫고
살포시 내 곁에 앉는데
그대는 얼마나 더 마주 앉아야
그 마음을 포갤 수 있을까

나를 인도 하는 빛

건널 수 없는 바다를 건너 온 달빛이
내 등을 말없이 토닥이면
바른 마음도 강물 따라 건너옵니다

어둡던 내 마음 별빛이 내리면
불통의 벽은 소리 없이 무너지고
소통의 길은 다정하게 열립니다

등 뒤에 한줄기 빛은
시린 마음에 사랑이 찾아오고
보고픈 마음은 빛을 따라옵니다

없던 길도 열어가며
살얼음도 녹아내리는
발등의 작은 빛은 나를 인도합니다

내 생각이 어두워
그대 마음 보이지 않은 날이면
나는 가슴으로 등불 밝히겠습니다

어디서 시작해서

어디로 가는지 알 수 없는 빛이지만
희망이 전해지는 고요한 그대는
빛으로 일어나고 눕습니다

2부

나를 찾아 가는 길

나를 찾아가는 길

복잡하고 아슬아슬하게
나를 찾아가는 길
걱정 없는 날이 없고
부족하지 않은 날이 없다
무엇 하나 결정짓고
결심하는 것도 그리 쉽지 않아
무수히 흔들리고 휘어지는 길
누군들 내일을 알 수 있을까

말처럼 쉽게 괜찮다 해도
차마 긍정만 쫓아가면
수시로 늪에 빠지고 제자리 뛰기다
아무리 멋진 옷도
내 몸에 맞지 않으면 불편하고
아무리 아름다운 가을이 온다 해도
내 속이 불편하면 남의 일이 될 테다

우리는 무엇 때문에
바쁘게 사는 것인지 알고 있을까
괜찮은 나를 만나러 가는 길이 참 멀다
복잡함 대신 단순함으로
불안 대신 확신에 찬 나를 믿어 볼까
이 가을에는.

7월에 띄우는 엽서

한 생 정오쯤 걷고 있는 7월이여
연초록 순수가 짙어가면
빨간 여름이 성큼 다가오겠지
짙어지는 것은 빛깔만이 아니고
자라나는 것은 풀 만이 아니다
강렬한 7월이여
그 무게감이 빛깔로 배어 나오면
깊어진 생각은 숲처럼 자라고
짙어진 사랑은 수박처럼 익어
단맛을 채워가는 그대 7월이여

일도 사랑도 놓칠 수 없는 7월에
강렬한 눈빛 거친 숨결이 따갑고 매워도
손에 잡힌 젖줄을 놓을 수 있을까
봄날 새끼손가락 걸었던 신부여
능소화 사랑은 벌써 가족이 되었고
7년을 기다린 매미도
목청 높여 임 불러내면
여름꽃 피우는 그대도
허리춤에 폭염을 질끈 동여매고
뚝뚝 떨어지는 땀방울 걷어 차고
7월의 약속 지켜 내겠지

그 녀석

피부도 까만 녀석이
수시로 내 마음 탐하고
시도 때도 없이 찾아 헤매게 만드네
내 손에 네가 잡힐때는
벌써 심장부터 해맑게 웃는걸 보니
너는 애교쟁이 사랑덩이야

이따금 핸드백 속에서 꼬물거리다가
짠하고 호주머니 속에서도
깜짝 놀라게 하는 달달한 그 녀석
우울할 때도 스트레스 받을 때도
내 마음 풀어주고
내 기분 책임지는 너를
어찌 밀칠 수가 있을까

수시로 나를 달래주는 너를
마냥 좋아하고 사랑할 수밖에
멀리 가지 마라 가까이 눈에 띄게 있어라
우리는 수시로 달콤한 마음 나누어야 한다
내 사랑 초콜릿

그리움을 마신다

찬비를 타고 내리는 그리움을
찻잔에 담았습니다

오늘같이 비가 내리는 날이면
더욱 그리워지는 그대를
생각만으로 둘 수 없어
커피잔에 가만히 담아봅니다

토독토독 빗소리를 타고 내리는
그대 생각이 고소한 커피 향에 닿으면
그대는 어느새 턱을 바치고
커피잔에 앉아 나를 빤히 보고 있지요

그대를 대신한 커피잔을
두 손으로 감싸고
천천히 아주 천천히
한 모금씩 그대 생각을 마십니다

어느새 따스하게 퍼져오는 온기는
그대 마음이 커피잔에 고스란히
녹아 있기 때문이죠

두물머리 강가에서

추억이 여울지는
두물머리 강가에서
물결에 출렁이는 그미를 불러보네
긴 머리 찰랑찰랑
강바람에 나부낄 때
하얀 손으로 쓸어 올리던 그미는
어느 하늘 아래 있을까
유유히 흐르는 물길은 변함이 없건만
오해의 늪에 갇힌 그대와 나는
영영 만날 길이 없구나

긴 긴 세월
갈라진 마음이 하나 되던 날
북한강 남한강 두 물도 하나 되어
강 이름이 없어질 때까지
물길 따라 흘러가자 언약 했건만
그리움이 하늘하늘 내리는
두물머리 강가에서
강물에 떠 있는 청춘을 바라보며
잃어버린 젊음을 불러 보아도
흐르는 강물은 말이 없고
흘러간 추억은 대답이 없네

당신이 필요합니다

꽃잎은 햇살이 필요하듯
나는 당신의 미소가 필요합니다
나뭇잎이 비를 기다리듯
나는 당신을 기다립니다

깜깜한 밤이 있어 별이 빛나듯
나는 당신이 있어야 밝아집니다

젖무덤에 묻힌 천사 같은 아가를
지긋이 바라보는 행복한 엄마같이
나는 당신이 지긋이 보고 싶습니다

찬바람 불던 날
따뜻한 목도리를 묶어 주던 당신
추적추적 비가 내리는 날
널따란 우산을 받쳐주던 당신

오늘은 하루 종일 비가 내립니다
당신도 빗줄기 따라오세요

간극

돈독한 사이에 금이 가면
이해하고 넘겨야 좋다
오해가 아니고 사실이라 해도
나에게 큰 손해 가는 일이 아니면
그냥 넘기는 것이 좋다

머리카락에 글씨를 새기듯
완벽하게 따지고 들면
완벽은 찾았지만 사금파리 깨지듯
관계가 깨지기도 한다
완벽을 찾고 관계가 끝난다면
누구에게 덕으로 남을까

살다가 살아가다가
꼭 마음에 들지 않는 사람은
가만히 보면 딱 나를 닮았더라
간고한 시간이라도
받은 사랑은 헤아리지 못하고
준 사랑만 계산하면
늘 살기가 힘들어진다

당신은 좋은 사람입니다

곁에 있을 때는 몰랐습니다
맑은 공기 산 들 바람같이
너무 가까이 있어 소중함을 모르다가
얄궂은 날 화창한 햇살이 간절하듯
안부를 물어 올 때는 몰랐습니다
으레 친한 인연이라
응당 오가는 소식이려니
소소한 정으로 알았습니다

화사한 마음이 오갈 때는 몰랐습니다
욕심 없는 세상 넉넉하니
얼굴 붉히는 일 없었기에
평안함은 당연했습니다
연락이 툭 끊어져 보니 알겠습니다
카톡 하나 문자 하나에도
마음 없이는 아무것도
할 수 없다는 것을 알겠습니다

지친 삶이라도 희망을 노래하고
별스러운 것이 없어도
소소한 일상을 공유하며
무시로 안부를 나누는 것이
얼마나 소중한 삶인지 그대는 알까요

우리는 알고 있어요

우리는 알고 있어요
살다 보면 뜻대로 안되는 일이
줄곧 있다는 것을
우리는 경험했어요
속이 까맣게 타도
내 말은 귓등으로 스치는
한 점 바람일 때가 있다는 것을

우리는 가끔 보고 있어요
구름도 두둥실 뭉쳤다가
때론 찢어지고 때론 흩어지고
먹 비를 뿌릴 것 같은 먹장구름은
끝내 먹물 같은 억울함을 가슴에 품고
해를 보내고 달을 맞이해요

우리는 알고 있어요
죽을 것 같은 힘겨움도
지나고 보면 별거 아니라는 것을
긴 생 변화를 꿈꿀 때
고난과 역경이 찾아오지만
실망 속에는 희망이 자라고 있다는 것을

헛된 일이었을까

최고의 집이라 여기고
대들보와 용마루 치미를 끌어올려
보란 듯 위엄을 드러낸 집
하필이면 파도 앞 모래밭이었지
보를 쌓아 물을 가두어 보겠다고
돌을 고쳐 놓기를 수없이 했을 테고
지나는 바람을 가두어 보겠다고
비 바람 앞에 흙담은또 얼마나 쌓고 쌓았을까
생에 최고의 갑호로 여기고
장롱 속 깊이 간직한 족보가 하마 노예 문서였다면

찬란한 보석이
한낱 풀잎에 맺힌 이슬이라면
금이야 옥이야 했으나 멀어진 것들
모두가 헛되었도다 다만 그것들을
지키려 노력했던 그 세월만큼
잊을 수 없는 것은 헛수고라 할지라도
그것들 때문에 한 세월 살 수 있었고
헛된 일이라 할지라도
그 길을 우직하게 걸어와
비로소 여기 이렇게 서 있다는 사실

인연 항아리

가득 담아서
풍요롭게 오갈 수 있다는
인맥 항아리 깊을수록 족할까
항아리 속 잠자고 있는 얼굴들
들여다보면 아련해도
알 수 있는 이름 석자 삭제할 수 없고
딱히 연락해야 할 까닭도 없다

그럼에도 허기진 사람아
인연 줄에 목말라
새로운 관계를 찾아 다니는
깊은 항아리의 모순

지구를 두 바퀴 반이나 돌아도 될
혈관의 길인가
별반 담지 못해 얕은 항아리지만
함께 밥 먹고 잠자는 가족들
소중한 벗과 좋아하는 일
즐겨 찾는 글과 취미가 있다면
세상사 어떤 항아리인들 부러울까

채송화

고개를 수그리다
꽃대도 없이 땅에 붙었구나
대들보 없이도 꽃은 피고
궁대가 없어도 웃고 있구나

높이 올라 멀리 볼 수 없어도
잊힌듯 멀어진 저 하늘도
서럽다 하지 않고
자존감 하나 지키고 있구나

모두가 하늘이 좋아
아우성으로 고개 들어도
땅바닥에 눌어붙어 꽃 피고 열매 맺는
작지만 당찬 채송화야

꽃대가 없어도 꽃은 핀다
가장 낮은 자리 땅바닥이라도
한곳에 붙박고 붙어 있어도
열매는 촘촘히 맺는구나

꽃이 비에게

누구도 걷지 않은 새벽길
누구도 알아듣지 못하는
풀벌레 교미하는 소리
비에 젖은 그 마음
왠지 잡아 보고 싶은 날이 있습니다

기약 없는 빗물이야
하루해가 짧은 먹구름 따라
바람의 방향으로 후드득후드득
쏟아지면 그뿐이라지만
바람이 다녀가고
빗물이 머물러야
비로소 꽃망울 피울 수 있다고

비를 기다리는 여린 꽃잎
어느 구름이 비를 뿌릴까
어느 바람이 가슴에 닿을까
앉아 뱅이 꽃은 그 자리에서 저 계절이 다 가도록
이제나저제나 옷고름만 매만지다
이마에 젖은 땀방울 훔칠 뿐입니다

내 마음의 잣대

나는 겸손했다고 생각하지만
그는 나를 오만하다고
여길 수도 있겠다 싶어
나는 잘했다고 여긴 일이지만
그는 나로 인해 상처를
받을 수도 있었겠다 싶어

나는 최선을 다했다고 생각하지만
그는 나를 무엇을 했었는지
모를 수도 있겠다 싶어
나는 내 잣대를 들고
세상을 재단하고 꿰매고 살았어
때론 세상의 잣대는
모두 다르다는 것을 서로 알았으면 해

세상 살이 빛이 너무 강하면
눈이 부셔 걸을 수 없고
세상 살이 빛이 너무 약하면
어두워서 앞을 보지 못한다고 해
그 빛의 조절 창은
손잡이가 내 안쪽에 있으니
밖에서 결정짓는 빛의 잣대로
내 눈앞이 깜깜해질 이유 없지 싶어.

나이라는 벽

나는 아직 몰랐어요
그 나이까지 도달하지 못했으니
왜 저럴까 이해하기 참 어려웠어요
나는 아직 알기가 싫었어요
눈물이 말라가는 것도 공허에 갇히는 것도
미리 알고 싶지 않았어요
나는 천천히 걷고 싶었어요
불안한 미래를 가불하는 것도
불만인 과거에 발목 잡히는 것도
싫었어요 한참은 싫었어요
더러는 발길에 흙이 묻어도
더러는 가슴에 부끄러운 꽃이 피어도
오늘은 그냥 내 나이로 살고 싶었어요

공감하기 힘든 나이라는 벽에 부딪히면
빈 들판에서 고개 숙여 휘파람을 불어도
집으로 돌아가기 싫었어요
강산이 변한다는 말을 되뇌며
혹여 같은 마음이 될까
더듬어 보는 것도 싫었어요
서로 이해할 수 없는 세월이라는 나이의 벽
아비는 자식이 그저 안쓰럽고
자식은 아비가 그저 걱정되지요

고독이 밀려올 때

멀어져 가는 사람들 틈에
자꾸만 작아지는 초라한 내 모습
뚜벅뚜벅 마음 길을 따라갔더니
더없이 자만했던 내가 거기 앉아 있었더라
전화번호가 이렇게 많은데
마음 편히 전화 걸 곳이 없다는 것은
누구의 마음 한번
따뜻하게 받아 주지 못한
옹졸한 내가 거기 있었더라

밖으로 나간 말이
상처투성이로 돌아올 때
해도 좋은 말과 하지 말아야 했던 말
한참은 오만했던 내가 거기 있었더라

고독이 물밀듯 밀려올 때
내가 먼저 안부를 물어본 적이 있었나
내가 먼저 등을 돌리지 않았나
내가 먼저 함부로 말하지 않았나
왔다가 조용히 떠나는 시간 곁에 앉아
까맣게 밀려오는 고독이라는 너에게
조곤조곤 편지를 쓴다

겨울을 좋아하던 당신

단단히 동여 맨 목도리
꽁꽁 시린 손
차가운 마음 추울 만도 한데
가슴이 뜨거운 그대는
찬바람도 으레 좋아했지요
단단한 얼음물 위에 서서
겨울을 낚을 수 있겠냐며
보이지 않은 생각을 낚았지요

속이 훤히 보이는 겨울 산허리를 펼쳐놓고
흑백만 남은 수묵화 풍경을
오목 렌즈에 담아 줌을 당기면
수만 화소의 점들은 나신이 된 채
겨울 산을 찰칵찰칵 찍어 내었지요

죽은 듯 고요한 생명력은
칼라가 모두 사라진 흑백에 있음에
그 투명함을 무척이나 좋아했지요
하얀 투명함이 거리에 나부끼고
쓸쓸함이 불어대는 골목마다
길거리표 붕어빵이 있고
따끈한 호떡이 있어 겨울이 주는
최고의 맛을 즐겨 했지요

고백하건대

실수투성이고 부족함 투성이고
부끄럼 없이 꺼내기도 어려운
일들도 많았지 싶어
못난이같이 가지 말아야 했던 발자국
단호하게 거절하지 못했던 일들
좀 더 믿어 주지 못하고 챙기지 못했던 일들
더 따뜻하게 품지 못했던 일들도
더러는 있었지 싶어
그럼에도 천연덕스럽고 뻔뻔하게
잘 살아보겠다고 바둥대는 나를
결코 미워하지 말자

돌이켜보건대 지난 한 해
잘한 일도 더러는 있었지 싶어
가족을 챙기고 친구를 다독이고
넘어진 사람에게
기꺼이 손을 내밀 때도 있었지
잘한 일과 잘못한 일이 섞여서
하루하루가 만들어지는 삶
행복한 사람은 좋은 일만 기억하고
불행한 사람은 나쁜 것만 기억한대
너랑 나랑 우리는 웬만하면
좋은 것만 기억하면 어떨까

마음 밭

하얀 사막에
비가 내리지 않는 것은
땅이 말라 있었기 때문이다
아예 하늘로 올라 간 물방울이 없었다
하늘을 원망하지 마라

꽃대를 밀어 올리고도
꽃송이가 되지 못하는 것은
향기가 없었기 때문이다
꽃대를 나무라지 마라

깡마르고 척박한 땅에
무엇인들 꽃 피우고 열매 맺을까

내 마음 밭이 옥토라면
비바람 부는 얄궂은 계절도
매양 꽃피우고 열매 맺는 것을
우리는 알고 있다

새벽을 깨우는 바램

고요한 새벽
숨소리조차 가라앉아
적막이 흐르는 시간에
울부짖는 기도는 간절함이다

애통한 마음으로 갈망하는 기도는
잘 자란 자식들 어디에 있는가
일자리를 찾는 간절한 소망이다

아직은 젊고 건강한데
직업 전선에서 밀려나야 하는
중년들은 어디로 가야 하나
앞길을 찾는 뿌연 막막함이다

어둡고 춥던 곳에 불어줄 따신 바람은
언제쯤 곁에 올 것인가
그늘진 곳마다 기다리는 햇살은
또 어디쯤 오고 있을까

새벽을 깨우는 기도는
무릎 꿇은 어머니의 간절한 마음
그 바램은 깊고 짙은 사랑이다

오늘은 나만 생각할래

너를 놓칠까 수시로 너를 봐
너의 발걸음 따라가다 길을 잃어
너만 바라보다가 내 눈에 핏발이 어려

너의 가슴을 들여다보다
내 가슴은 마른 풀만 수북해
너의 마음을 읽다가
내 마음은 먹물만 까맣게 남았어

오늘은 나만 생각하기로 결정했어
핸드폰이라는 너를 쓱 닫아 버렸다

눈을 들어 보니
뜯어 먹고 싶은 하늘에 솜사탕
몽실몽실 피어 있고
나를 애무하는 바람 나를 감싸는 햇살

자유롭게 흐르는 선율
물결 위에 수놓고
청둥오리 물장난 오선을 그리면
나긋나긋 콧노래 발등에 언힌다

고향 하늘

고향 하늘은 푸르기만 한데
내 마음은 잿빛이구나
누군들 멋진 자동차에
두둑한 용돈 봉투 챙겨 들고
한사코 기다리는 부모님 집
고향 들녘으로 달려가고 싶지 않을까

장하다 내 아들 최고다 내 딸
어깨가 으쓱해지는 말 듣고 싶지 않을까
고물가 저임금 시대에
너 나 없이 허겁지겁 쫓기는 삶이여

달뜬 마음은 그래도 그대를
빈틈없이 비추고 있노니 힘을 내자
보석이 아니라도 따뜻한 포옹으로
값진 선물이 아니라도 넉넉한 가슴으로

정성껏 빚은 송편 같은 마음으로
가족들 손을 따뜻하게 잡자
천 냥 빚이 탕감되는 한마디 말속에
사랑하고 있음을 전하자

3부

바람이 전하는 말

바람이 전하는 말

그립다고 하기에는
그럴만한 이유가 없었고
보고 싶었다고 하기에는
얼굴도 가물거려 어색한 간격
내가 누구인가
또 당신은 누구인가
바람에게 물어보아도 기척이 없다

보이지 않아도 보이고
들리지 않아도 들리는
움켜쥐고 있는 끄나풀은
언제 끈으로 묶어질지
아는 이 없고 대답하는 이 없다
씩씩한 여인은
여자이기를 접었고
섬세한 남자는 용기를 잃었다

다시는 뛸 것 같지 않은 심장을
다시 뛰게 하는 풀잎의 연서는
무엇으로 낚아챌까
모래알같이 뒹구는 생각을
채로 걸러 가슴을 문지르는
저 속삭임을 잡아 보고 싶다

비 오는 날의 수채화

마음까지 젖어 오는 빗소리에
능소화 꽃잎 툭툭 떨어지는 여름날
그대는 외로운 적이 없었나요
팔짱 끼고 걷는 우산 속 연인들
숨소리마저도 달콤할 것 같아
빗금치는 수채화 그림이 부럽지 않던가요

가슴으로 내리는 그리움
마음으로 번지는 외로움
어디라도 가고 싶은 그 쓸쓸함
빗속에 혼자 갇혀 있던 적이 없었나요

빗줄기에 우산도 없이
거리를 마냥 걷고 싶던 때가 있었지요
까닭 없이 미열이 오르내리면
소나기라도 흠뻑 맞고 싶을 때가 있었지요

숨겨 두었던 속 마음이
빗물을 타고 잿빛 고독으로 흘러나오면
이성보다 감성은 부풀어 크지고
가뭇없던 허전함이 서늘하게 감돌면
빗물 타고 떨어지는 추억을
하나 둘 줍던 여름날이 있었지요

중독의 씨앗

사랑이라는 이름표를 달고
관심이라는 물음표를 붙이고
안부라는 새 길을 내고 있을 때

무수히 쏘아 올린 큐피드 화살이
가슴에 촘촘히 꽂힌 날
중독의 씨앗이 심기는 줄 몰랐습니다

수취인 없던 불임 문자가
마음 벽에 문양을 그리고 있던 날
단단한 씨앗이 발아하는 줄 몰랐습니다

밀물처럼 쏟아붓던 밀어들은
썰물처럼 빠져나가지 못한 채
둑이 무너져 내린 날은
영혼까지 잃어버린 날입니다

세상은 온통 죽어 있었고
고요 속에 혼자만 살아 있었던
그런 하얀 날이 그대는 없었나요

달빛이 하는 말

햇살 같은 연필은 말을 걸고
그림자같은 지우개는 따라다닌다
햇살 아래 그림자같이
연필 뒤에 지우개가 있어야 했다
백지에 적은 연필의 하소연은
지우개가 지우면 그만이지만
마음에 새긴 말은
무엇으로 지울 수 있을까

햇살 받은 말들이
달빛 아래 고개 숙인다
벌써 천리를 달려간
뿔난 말들은 천방지축이다
어디서 멈추어 설지
이리저리 튀는 말 잡지 못해 안절부절

말꼬리 찾아 다니는 하얀 달빛
건널 수 없는 강을 단숨에 건너고
넘을 수 없는 산맥을 단번에 넘어도
잡히지 않는 말머리 말꼬리
말씨 찾아다니는
하얀 달빛의 얼굴이 노랗다
그늘진 달빛의 마음에 어둠이 내린다

시절 인연

억지로 맺을 수도
억지로 끊어지지도 않는 것이
인연이라 합니다
옷깃만 스쳐도
인연이 되는 사람이 있고
오랜 세월 보고도
악연이 되는 사람이 있습니다

좋은 인연이란 함께 있으면
힘을 주는 사람
보면 볼수록 향기로운 사람입니다
늘 긍정을 노래하며
지킬 수 없는 약속으로
기운을 빼앗는 사람보다는

무심한 듯 투박해도
허투루 시간을 빼앗지 않는 사람이면
좋은 인연이라고 합니다
너무 강하여 기죽게 하는 사람보다
모자란듯해도 따뜻한 사람이 좋고
겉과 속이 달라 걱정 끼치는 사람보다
투명하여 유록빛 희망을 꿈꾸게 하는
한결같은 사람이 좋겠습니다

그네 의자

솜사탕 하나씩 나누어 들고
그네 의자에 나란히 앉아
발바닥을 살짝 밀어 볼까나

녹아내린다 솜사탕 따라
출렁출렁 오가는 리듬을 타면
너를 향한 내 마음 너는 보았니

피워 오른다 솜사탕 따라
살랑살랑 오가는 바람을 타고
나를 향한 그 미소 나는 보았다

날아다닌다 빙글빙글 그 마음
소리 없이 살포시 잡아볼까나
빙빙 돈다 솜사탕은 구름이 되었다가
저 바람은 간지럼을 피운다

돌고 돌아오면
내 마음 두둥실 구름 뒤를 따르고
돌아돌아 내려오면
그대 마음 가만사뿐 풀밭에 앉는다

커피 향으로

이슬로 새벽을 닦으며
하루를 보내준 사람이
그대라는 것을 나는 안다

보이지 않던 생각을 더듬어
얼룩진 내 마음 희게 닦으며
거울 속에 나를 보고 섰다

무에 그리 급했을까
물음에 대한 대답은
아직도 듣지 못했는데
공허한 바람 소리만 귓전에 맴돈다

커피 향으로
마음을 씻어 보아도
텅 빈 커피잔에 생각을 쏟아부어도
내 뺨을 스치는 알 수 없는 찬바람
창밖을 서성이는
얼굴 없는 바람 소리는
무슨 말을 하고 싶은 걸까

봄꽃 앞에서

음표에 붙어있던 꽃잎
내 마음의 창 스르륵 열고 들어와
하늘하늘 사랑을 노래하란다

싱그러운 바람 따스한 햇살
들숨 타고 퐁당 들어 와
유록빛 마음 푸르게 살라 한다

자작나무 숲에서 하얀 바람이
여인의 허리춤을 휘감더니
4월의 사랑을 꿈꾸는 그미는
봉곳봉곳 돋은 움이 되었다

웃음 가득 담은 빵빵해진 볼
꽃 길을 찰칵찰칵 걷노라면
봄꽃 앞에서 나비 되고 꽃도 되는

여인의 까만 선글라스 테두리에
연두빛 봄이 소리없이 핀다

사랑하기 좋은 날

가물어 갈라진 가슴에
간밤 내린 봄비가
또르르 물소리를 낸다
메말라 헛헛한 마음에
엊밤 내린 단비가
마음속 깊이 숨소리를 낸다

닫힌 마음 실눈을 뜨면
먹빛 고독을 꺼내 빗물에 헹구고
잿빛 외로움을 씻어 말린다
밤새 내린 쌀비가
끝끝내 무지개다리를 놓아주면
꽃잎은 저절로 피어나고
나비는 접었던 날개를 편다

방글거리는 햇살은
혼자라는 그늘을 오려내고
함께라는 믿음을 그 자리에 붙인다

행복한 당신을 응원합니다

작은 마음에도 감사가 넘치고
슬플 때 그 슬픔
눈물로 씻어 내리는 당신은
행복한 사람입니다

작은 상처라도 아파할까
긴 호흡으로 호 ~ 입김을 불어 주는
당신은 언제나 따뜻한 사람입니다
작은 실수라도 인정하고 미안해하며
상대를 헤아리는 깊은 마음은
어둠 없이 해맑은 사람입니다

어려운 일 앞에 모두가 등 돌리고 외면해도
거뜬히 함께하는 당신은
든든하고 믿음직한 사람입니다
좋은 일에는 진심으로 축하를
슬픈 일에는 안쓰러운 마음으로
지긋이 위로하는 당신은
언제나 진실한 사람입니다

작은 정성에도 크게 감동하고
소소한 기념에도 축복을 빌어주는
그런 멋진 당신을 힘껏 응원합니다

바람 속을 걸어온 너

헝커러진 머리카락
사연마다 쓸어 올리고
앙다문 입으로
할 말을 삼킨 그늘진 고독
베일에 가려진 알 수 없는
지난날은 고이 접어 두고
세찬 바람 가르며 달려왔을 그 마음
보이게 혹은 보이지 않게
주마등같이 스치는 세월을
꺼내 본들 무슨 소용 있을까

내가 먹고 자란 사랑이
더러는 쓴맛이 들어 있어도
뒤란에 묻어 둔 매실청같이
세월을 두고 발효된 깊은 맛이라면
알 수 없는 커피향과 같아
씹을수록 단맛이 우러나는 먼 세월
뚜껑을 덮어둔 아득한 추억에
달보드레한 봄바람이 분다

비어 버린 커피잔

마주 앉은 커피잔에
눈길은 머물고
고요한 마음은 소리 없이 전해지네

주고받을 이야기는
아직도 남았는데
마셔버린 커피잔은 아쉬움만 흐르네

언제 또 마주 앉아
조각난 시간을 꿰매
커피잔을 마주 잡을까
듣고 싶은 이야기는 듣지도 못한 채

덩그러니 남아있는 빈 커피 잔
쓸쓸한 그대 뒷모습이
할 말을 삼키고 남아 있었을까

못다한 이야기 빼곡히 접어
빈 잔을 채웠더니
텅 빈 커피잔에 눈물이 고여오네

한 그루 단풍나무

단풍 따라 물든 나를 봅니다
톡톡 한 방울씩 젖어 들어
온통 물들인 가을 들녘에
한 그루 단풍나무가 서 있어요

단풍잎에 내린 새벽 이슬
방울방울 맺혀
흰 여울로 또르르 흐르고

화르르 붉게 타는 가슴
더운 열기 식히는 갈바람은
들꽃을 데려와 사붓사붓
진 향을 뿌리네요

갈라지는 마음밭에
졸졸 물길을 열어 놓은 가을비
사위어 가는 석양 따라
한 가닥씩 벗어 놓은 낙엽 위에
나목으로 서 있던 내게

붉은 석양을 입혀 놓고 끝내 오점을
하얗게 덮어 놓은 그대 해맑은 마음밭에
단풍 나무를 그려 놓았어요

사랑하고 사랑하는 것은

신은 인간에게
딱 한번만 태어나고
딱 한번 죽기를 명하였다
두 번 태어날 수도
두 번 죽을 수도 없는 게다

허나,
신은 꼭 한 번만 사랑하라 명하지 않았다
만약에 그랬다면 사람의 가슴도 생명같이
딱 한 번만 뛰었어야 했다

사랑하고 또 사랑하는 것은
인간의 책임이 아니라 신의 책임이다
신의 실수를 막으려
도덕경을 만들고 따르라 할 뿐
신이 빚어 놓은 사람은

신의 뜻이 아닌
사람의 뜻대로 살다가
때론 이별의 눈물이 있는 게다

그대는 누구신가요

언제 들어왔나요
쥐도 새도 모르게
도둑같이 나의 마음에 들어와
자리 잡고 드러누워 있는
그대는 누구신가요

창을 열고 찬물을 쏟아도
어느새 비좁은 마음 밭에
그리움이란 이불 덮고
보고 싶음이란 베개를 베고
천연덕스럽게 자고 있는 그대
무척 얄밉군요

대문에 빗장을 걸고
빗자루로 쓸어내어도
어느새 자리 잡고 앉아
영원한 자기 집인 줄 아는 그대
무턱대고 착불로 보낸
그대 마음 찾아가세요

그대 떠난 빈자리

추위를 견뎌야 꽃을 피울 수 있고
눈물을 흘려야 무지개를 볼 수 있다지요
달빛이 소리없이 강물을 건너갈 때
장미 꽃잎은 뚝뚝 떨어지고 있었습니다

스며오던 당신을
달빛처럼 막을 수 없었고
멀어지는 당신을
강물처럼 보고만 있었습니다
그대 떠난 빈 자리 쓸쓸한데
어제와 같은 햇살 그리고 바람
장미의 붉은 뺨에 그늘이내립니다

그대여 어느 꽃의 눈물을 닦아주려
구름처럼 바람처럼 머물다
구름인듯 바람인듯
이리도 아득히 멀어질까요
향기롭던 바람은 더없이 쓸쓸하고
찬란했던 별빛은 더없이 희미하고
그 고왔던 장미까지도
시들시들 고개를 떨굽니다

비를 타고 내리는 외로움

먹구름 뒤에 숨어서
얼마나 견디고 있었을까
쏟아지지 않으려
외로움을 하늘에 매달아 놓고
빈 마음 빈자리 그 허전함 달래다
봇물이 터져버린 하늘이여

더는 견디기 힘들어
울어 젖힌 그리움이여
더는 감출 수 없어
속내를 드러내는 헐벗은 고독이여
책갈피에 접어 둔 웅숭깊은 문장들
알알이 박힌 석류알 같은 사연들
하나씩 떼어 빗물에 띄워 본다

어디서 와서 어디로 가는지
도무지 알 수 없는 빗줄기같이
알 수 없는 마음도
빗물 따라 둥둥 떠내려간다
이 비 따라가면 그대를 만날까
이 비 그치면 고독도 그칠까
이 비 멈추면 외로움도 멈추어 질까

꽃이 집니다

든든한 뿌리 믿고
하늘에 기대어 춤추고 노래하던
지순한 꽃이 집니다
그렇게도 하늘을 쓰담고
향기로 땅을 적시던 꽃잎
그 눈부신 햇살에 녹아들고

비의 무게에 젖어 들어
더 이상 얼룩 지기 전에
사뿐사뿐 자리를 내려놓습니다
웅숭깊던 생각은 떠날 때를 알아
한참을 매만졌을 고운 자태 간데없고
고개 숙여 울먹입니다

영원할 것 같은 하얀 마음도
찰나를 피워내는 아름다움도
소나기를 피할 재간이 없었을 테지요
바람 따라 낙화하는 수천 궁녀들
더는 견딜 수 없어
무거운 가채 벗어 버리는 날
소리 없이 꽃이 집니다

4부

때론 우리는

때론 우리는

때론
정확하고 분명한 사람보다
어리숙한 사람이 정이 간다
잘 난 사람은 지치게 하고
어리숙한 사람은 쉬게 한다

탄탄한 고속도로보다는
더디게 한참을 돌아가도
에움길을 좋아하는 사람이 있다
앞 줄보다는 뒷줄에 서서
앞사람 발자국 따라
또각또각 천천히 걸으며
앞 줄에 감사하는 사람이 있다

세상사 모두가 높은 앞줄이면
중간은 누가 받치고
바닥은 누가 버틸까

바닥을 다지는 사람이 최고
중간을 받치는 사람이 최고
바닥이 탄탄해야 중간 대들보가 곧게 서고
용마루 치미를 힘껏 자랑하는 지붕도
비바람을 막는 것이다

5월에 띄우는 엽서

한 생에 가장 눈부신 5월이여
꽃향기 만발하여 꽃바람 불던 시절이
없었다고 말할 수 있을까
누구에게나 싱그럽고 찬란한 5월이여

달님도 먹구름을 뚫고 나와
달뜬 마음으로 내리고
빗물도 멈추어 무지개 사다리 내리면
콩나물 자라듯 사랑도 쑥쑥 자라겠네

무관심의 먼지를
꽃비로 하얗게 씻어 내리는
계절의 여왕이여

새끼 손가락 걸어
한 생을 언약하는 신랑신부 첫 발자국
밤하늘에 별꽃도 금 싸라기로 내리면
너른 치마폭 펼치는 찬란한 이 계절
세상을 읽어 내리던 글꽃도
5월의 강둑을 걷노라면
묵향 뿌린 글씨도 꽃으로 피겠지

6월의 장미

6월이 오면 민족의 한 서린
핏빛 함성은 거친 숨을 휘몰아치며
푸른 고지로 향해 돌격할 때
지친 산마루 찢긴 살점 사이로
적군의 깃발이 솟아오르면
남은 핏빛을 끌어모아 북으로 남으로
뻗어 갔을 6월의 장미여
땅이 휘어지고 하늘이 무너지는 6월에는
님의 넋을 기리는 아군의 함성이 들리는 듯
어느 산야 가시덤불 속에 뒹굴던
주인 잃은 철모는 이름 없는 병사가
각혈을 토해 비목의 숲에 잠들었을
뜨거운 날 눈시울 붉은 장미도 울어버린 날입니다

온 산하를 뒤덮어 메아리치던 그날
호국 영령 이름이 새겨진 현충원의 비석은
그날을 잊지 마라 외치네요
붉다 못해 검붉은 6월의 장미여!
송이송이 조국에 바친 혼이여!
오천만의 가슴에 눈물꽃으로 맺힌
핏빛 장미를 끝끝내 잊지 말아요

윤동주의 바람

선한 눈빛 맑은 영혼
인왕산 자락에는 윤동주의 바람이 분다
솔바람 한자락 불어 가면
이내 고개를 푹 숙인 어두운 그림자

분통의 역사가 휘몰아치면
고뇌에 찬 윤동주 모습에
하늘은 먹먹한 가슴이 된다

풀잎 타는 냄새가 사방에 번지고
찢긴 단풍은 그 바람 앞에
툭툭 고개를 떨군다

그를 쫓는 삼엄한 폭거 그늘진 외진 곳
주저앉은 윤동주 솔바람 뒤로 아린 역사가
혈관을 타면 웅크린 발자국 터널이 깊다

인왕산 자락에
하늘과 바람과 별과 시가 된
윤동주의 바람이 붋다

그래도 행복한 사람들

가진 것이 별로 없어도
허기 지지 않은 사람들은
있는 것에 만족하며 살기 때문이요
배운 것이 별로 없어도
답답하지 않은 사람들은
아는 길을 찾아다니며 살기 때문입니다

일감이 별로 없어도
그저 감사하기로 하는 사람들은
그동안 많은 일을 했으니
쉬엄쉬엄 살기로 했기 때문입니다
자식복이 별로 없어도
감사하는 사람들은
자식에게 기대지 않기로 했을 테고

부모 복이 별로 없어도
감사한 사람들은
한 생 열심히 살기로 했기 때문입니다
행복한 사람들은
별것도 아닌 일에 불행하지 않기로
마음먹었나 봅니다

8월에 띄우는 엽서

생의 마지막 뜨거움이다
태양은 빈부를 떠나서
세상을 고르게 비출 테고
그 열기는 깊숙이 퍼진다
중년을 넘어서는 8월이여
햇볕이 이리도 강렬한데
한 생 살면서 겨울같이 추운 날
한 번도 햇볕이 없었다고 할 수 있을까
뜨거운 8월이여!
배짱이 노래에 손뼉을 치다가도
땀 흘리는 들녘에 개미를 보라

8월은 공평한 세상을 증명하고
한 생에 가장 긴 낮 시간을 허락하여
한 생에 가장 긴 밤 이불을 챙기게 한다
그대 습하고 차가운 자여
내리쬐는 태양 앞에 눅눅한 마음
빨랫줄에 널어 놓고 까슬하게 말리다 보면
한 생 춥기만 했다고 할 수 있을까
칙칙한 곰팡이도 햇볕 앞에서
말끔히 달아나는 날
생각의 창 활짝 열어 젖히고
금빛 시간 속으로 걸어 가 볼까

봄동

햇살 한 줌 바람 한 줌
빗물 한 줌이면 나는 행복해
뿌리는 얕게 내려도
내 뺨에는 비타민을 담뿍 채울 거야

내가 받은 햇살 바람 빗물은
어떤 값도 치르지 않았기에
대가 없이 노지에 뿌리내렸지
누구라도 한 줌 뜯어가도 괜찮아

세상에는 그저 얻는 봄동같이
지불하지 않아도 되는
선물들이 꽤 있지 싶어

그대 목소리나 미소가 그렇고
수시로 듣는 노래가 그렇고
그저 읽을 수 있는 글이 그렇고
마음껏 운동할 산과 들이 그래

우리도 누런 들판에 봄 편지 들고
파릇한 존재감으로 나타난
봄동 같은 사람이 되어 보면 어떨까

그래도 울지 마라

밀렸다고 아파 마라
졌다고 슬퍼 마라
기차는 또 오고 차표는 내 손에 있다
죽을 수도 있는 강을
건너가다가 돌아온 것이다
이렇게 여기면 편해진다
붉은 강물이 흘러 먼바다로 가고
강 빛이 푸르게 빛날 때
그때 배 띄워도 늦지 않을 테다
기찻길이 끊어져
갈 수도 올 수도 없는 끝난 길에서
비바람을 맞는 일도 있고
세상이 끝장나 죽는 일도 있었을 테다

그러니 울지 마라
가슴은 뛰고 두 다리는 멀쩡하고
흐려진 눈빛은 더욱 초롱해졌다
흙 묻은 바지를 털고 실 눈을 뜨면
또렷이 보이는 길이 있다
그 길을 의심치 말고 가라

가는 세월이여

절절했던 언약이
꽃잎으로 흩날려도
보고만 있어야 하는 아쉬운 세월이여
눈동자를 마주하면 별이 뜨고
손을 포개면 전율이 전해지던 사람아
희미하게 멀어져 가도
잘 가라는 말도 못 하는 무딘 심정이여

영원이라고 믿었던 것들이
빛바래 가는 것을 보고도
먼 산 보듯이 보고만 있는 가슴이여
계절은 가고 바람은 불고
서러운 생각이 비가 되어 내려도
서럽다 말 못 하고 늙어가는 태양이여

어느 하늘 아래 어느 계절을 걷다가
지는 꽃잎의 눈물을 닦아 주려나
쉬이 잊고 사는 절벽 같은 시간이여
이 계절이 다 떠나가듯
저 꽃잎이 다 떨어지듯
꽃 피웠던 마음이 속절없이 빛바래도
저물녘 지는 해님은 아무 일 없듯이
어제도 오늘도 붉기만 하네

당신이 좋은 이유

아침 햇살 같은 미소와
희망으로 가득 찬 눈빛은
우울한 그늘은 확 쫓아버리는
그 당찬 모습이 힘차 보이기 때문입니다

잘 정돈된 서랍같이
매사에 신중하게 죄우 앞뒤를 살피는
올곧은 성품이 변함없기 때문입니다

거짓 없이 솔직하고
담담하고도 담백한 심성은
꾸밈없는 민낯으로

사람 냄새 물씬 풍기는
결 고운 마음이
사계절 내내 한결같기 때문입니다

주변을 챙기는 따뜻한 배려가
더러는 지난 일도 챙기고
다가올 일도 희망으로 확신하는
긍정의 생각이 반듯하기 때문입니다

강인한 풀꽃

그늘 하나 내리지 않는 뙤약볕
깡 마른 땅 눈길 한번 받지 못한
언덕배기 가녀린 풀꽃도
꽃밭에서 사랑받고 싶었을 테다

신록의 무리에서
푸르름을 합창하고픈 들꽃도
군중 속에서 작은 손 흔들며
사랑 받고 싶었을 테다

먼지만 풀풀 날리는
척박한 땅 매마른 가슴에
밤새 내린 이슬로 제 몸을 씻고
눈물로 땅을 적시는 쓸쓸한 꽃이여

따스한 온실은 몰라도
매운 바람 까슬한 마음 다스리며
인내로 피워내는 강인한 꽃이여
흙빛 바바람 속에서도
꽃의 소임을 다하는 그녀는
꽃등 들고 길을 낸다

삶은 어디로 가나요

유유히 흐르는 저 강물은
아무 생각 없이 멍하게
흐르는 것이 아니라
비우고 채워가면서 흐른다

내가 흘린 눈물
내가 흘린 땀방울 모두 받아 주느라
더 넓어진 강물이 되었다
삶이 나를 속일 때마다
툭툭 차던 돌멩이도
오염되어 버릴 수밖에 없던 구정물도
힘껏 받아 주느라 더 깊은 강물이 되었다

내가 찬 돌멩이에
붙어 사는 이끼가 있고
내가 버린 구정물도 마다않고
헤엄치는 물고기가 있다

사람이여
눈물도 땀방울도 더러는 구정물도
때론 돌멩이까지도 귀하지 않던가

이대로 행복해 볼까요

땅바닥 아래 지하보다 더 깊은
바닷속 해초들은
물 위 세상을 모르니 물속에서도
푸르게 자라고 너울너울 춤춥니다
하루만 살다가
까닭 없이 세상을 떠날 하루살이는
내일을 알 수 없어

아무렇게나 철없이 몰려다니도
하루밖에 살지 못하는 것에
전혀 불만이 없습니다
올챙이는 흙탕물에 살아도
그곳이 천국이라 행복하고
두더지는 어두운 땅을 파는 일이
최고의 보금자리라 여깁니다

그대여
더 넓은 세상 부러워 말아요
가족이 있고 일이 있고
좋아하는 글과 건강한 심신이 있다면
누가 뭐래도 당신은 행복한 사람입니다
고개 들고 어깨를 활짝 펴 보아요

넘치지 않기를

내 관심이 넘쳐
그대가 피곤하지 않기를
내 사랑이 넘쳐
그대가 지치지 않기를 바랍니다
내 고백이 넘쳐
그대가 힘들지 않기를
내 소망이 넘쳐
그대가 고개 숙이는 일이 없기를 바랍니다

내 마음이 미치지 못해도
그대는 외롭지 않기를
내 사랑은 가난해도
그대는 쓸쓸하지 않기를 소망합니다
그대가 달님이 된다면
나는 소리 없는 별밤지기가 될 테고
그대가 별님이라면
나는 이웃별로 노래하겠습니다

그대가 재잘대는 시냇물이면
나는 하얀 조약돌이 되고
그대가 세월의 강줄기라면
나는 푸른 바다에 서 있겠습니다

슬퍼하지 마

화사하게 피었다 지는 꽃이라면
누구도 떨어진 꽃잎 앞에
슬퍼하지 않는다
그 꽃 참 예뻤어 향기가 참 좋았지
생각만 해도 그윽해
기억해 주는 사람이 있다면
떨어진 꽃잎도 슬프지 않다

삶의 절정에서
꽃처럼 자리를 내어 놓아야 할 때
한 세월 사랑받던 기억만으로
슬프지 않아야 한다
가장 아름다울 때
소리 없이 꽃잎은 떨어지듯
절절한 사랑이 떠나고
더는 머물 수 없는 인연이라면
생이 허락한 시간은 거기까지다

모든 것에서
소리 없이 까맣게 잊힌다 해도
한 세월 사랑받던 추억으로
꽃잎처럼 슬퍼하지 마

설날

구름같이 흩어졌던 가족들
내가 먹고 자란 첫사랑 뿌리 찾아
한달음에 달려와 추억을 나누며
차례상 앞에서
새해 덕담 마음에 새기고
가슴마다 가훈을 담아 보는 날

오늘 뜬 해는
따뜻한 떡국에 나이 한 살 얹어 놓고
세상에 둘도 없는 피붙이 사랑으로
이웃과 나누며 살라 하네
위로는 존경하는 마음 담아 세배하고
아래로는 사랑하는 마음 담아
복주머니 채워주니 부모는 젊어지고
자식은 아기만 같아라

믿음의 부모 보답의 자식
하늘 아래 탯줄로 맺은 끈
이보다 더 숭고한 천륜이 어디 있으랴
새해 첫날 서로 찾는 탯줄
해님은 어제와 같아도
내 마음은 어제와 다른 새 마음 같아라

손톱

한 번도 잘려 나갈 거라고
생각하지 않고 자랐습니다

계속 붙어 있고 싶으나
밀고 올라오는 새로운 손톱에
순서대로 잘려 나가는 것은
누구도 어찌할 수 없는 순리입니다

살기를 거부해서
잘려 나간 것이 아니고
나무뿌리같이 손톱 뿌리도
세상 밖은 어찌 되었던
세상 안은 생성하는 일을 멈추지 않습니다

잘려 나간다고 해서
손톱이 자라나기를 멈추지 않듯
소멸되고 잊힐 관계라도
애증하는 일을 멈출 수 없는 것은
뿌리가 살아 있기 때문입니다

마음 길에서

의심을 접고
알 수 없는 걱정을 내려놓으면
사는 것이 더욱 풍요로워진다

꼬투리를 잡힐까 전전긍긍하며
의기소침하는 못난 소심을 거두어 내면
사는 것이 좀 더 넉넉해진다

떠도는 마음 단단히 잡아 두고
수시로 변하는 변심을 묶어 두면
사는 것이 불안하지 않다

눈흘기는 마음 다잡고
누구에게 원망하는 원심을
고운 시선으로 보게 되면
사는 것이 좀 더 따뜻해진다

눈꼬리 치켜뜨고 어깨에 힘을 주는
교만한 마음 교심에 힘을 빼면
사는 것이 더욱 부드러워진다

내 마음의 온도

어쩌다 무거운 짐을
어깨에 짊어지고 걷다 보면
내려놓고 싶을 때가 있다

마음도 천근만근 무거울 때
마음 한 자락 내려놓고
무념무상으로 가벼워보자

입은 옷이 답답할 때
겉옷 한 겹 벗어들면
어느새 편안해지는 것처럼
마음의 온도가 답답할 때
한 자락 벗어들면 편안해질까

추울 때 옷 챙겨 입듯
마음이 시릴 때
마음에도 코트 한 벌 입혀 보면
내 마음 온도 조절 창은
손잡이가 내 안쪽에 있다

해님과 달님이 본 세상

늘 부지런히 일하고
바삐 움직이는 세상이라
하루도 조용할 날이 없었다는
해님의 말은 맞습니다

늘 잠만 자고 게을러서
무엇을 하는지 모를 세상이라는
달님의 말도 맞습니다

우리는 같은 세상을 두고
다르게 말하는 해님과 달님을
판결한다면 판사는 누구의
손을 들어 주어야 할까요

당신과 나의 다툼도
이와 같았을 것 같습니다
그는 그래야 살 수 있었고
나는 이래야 살 수 있는 세상인데
밑도 끝도 없는 논쟁을
우리들이 하는 것은 아닐까요

울타리

너무 가까이 오지 마라
아무리 친해도
너는 내가 될 수 없고
나는 네가 될 수 없는 것을 안다.
단단한 벽에
소통의 창문을 열어 놓고
도심을 이루는 건축물을 보라

와르르 무너지지 않게
벽을 쌓고 지지대 같은 담으로
울타리 하나쯤 치고 있다
철벽이 아닌 구멍이 숭숭 뚫린
시골집 울타리는 밖이나 안이나
별반 다를 것이 없지만
울타리 하나로 거리 제한을 두었지

너와 나도
그런 울타리 하나쯤 세워 놓고
함께 있어도 혼자 있어도
자유로운 간격 방해되지 않는 거리
그쯤 서서 무너지지 않은 창을 내자

편안해지는 것들

화려한 옷 차려 입고
보이기에 멋지면 명품인가
길거리표 옷이라도 마음이 편안하면
그것이 명품인 게지

비싼 가방끈 길게 들었다고
고급지게 보이면 그것이 최고인가
길거리 지갑이라도
마음이 쓰는 돈 넉넉하고 두둑하면
그것이 명품인 게지

높은 자리 내세워 기죽이는 것보다
밥 세끼 먹는 것 낮은 자리라도
편안하고 따뜻한 마음 오가면
그게 최고인 게지

좋은 머리 굴려 앞과 뒤가 다른 것보다
진실한 마음 하나 걸고 진솔하게 살면
그게 최고인 게지
대궐 같은 저택 아니라도
가족끼리 오손도손 내집이면 좋고
기름기 잘잘 넘치는 음식 아니라도
구수한 된장찌개면 편안한 게지

5부

멈춘 기찻길

멈춘 기찻길

불러도 가을은 대답이 없고
외쳐도 그리움은 돌아오지 않고
시려도 따뜻한 사람이 보이지 않을 때
슬프도 마주 앉을 이웃이 없네

떠나는 가을처럼
낙엽 등에 업힌 그대여
사랑이 올 때 날아온 철새
사랑이 갈 때 계절 따라 가버렸네

노래하던 풀벌레도 숨어 잠들고
춤추던 나비는 날개를 접고
새떼들도 멀리 날아가 버리면
해와 달의 다툼도 해답이 없을 때
별빛 속삭임도 들리지 않네

눈물은 꾸덕꾸덕 말라가고
타는 가슴은 굳어가니
아득해진 뒤안길 막막한 시간이여

오롯한 마음 자락
철로 위에 깔아 놓아도
멈춘 기찻길 기적 소리 들리지 않네

내 마음의 등불

미웠던 마음이 꺼진다
어두운 곳에서 그대 얼굴을 찾는다
고개 숙인 내 얼굴이 보일까
단번에 그리움이 켜진다
보고 싶은 얼굴이 보인다
그대도 내 미소가 보일까

툭 스위치를 누르면
얽히고설킨 전선이 꼬여도
단번에 달려와 등불로 서 있는 그대
믿음이 꺼질 때도
신뢰가 무너지고 눈앞이 캄캄해도
나는 불안하지 않다

저만치 돌아보면
언제나 등대같이 등불로 서 있는 그대
그곳에서 보내주는 신호
괜찮아, 힘내, 잘될 거야,
엄지척 보내 준다

내가 당신을 사랑하는 이유

모르겠습니다
왜 당신을 사랑하는지
잘 생기고 키가 큰 것도 아닌데
모르겠습니다
크게 성공한 것도 아니고
돈이 많은 것도 아니고
그다지 공부를 많이 한 것도 아닌데

정말 모르겠습니다
오히려 어설프고 빈틈이 많고
뭔가 부족하여 도와주고 싶은
그런 당신을 내가 사랑하는 이유를

잘난 사람은 내가 아니라도 잘 살 것 같고
성공한 사람은 굳이 내가 아니라도
좋은 사람들이 주변에 많을 것 같고
잘 생긴 사람은 내가 아니어도
쳐다보는 사람이 많을 것 같습니다

내가 당신을 사랑하는 진짜 이유는
당신보다 못한 나를 바라보기 때문이요

당신보다 부족한 나를 귀히 여기는 이유요
결국 나는 당신을 사랑함으로
내가 행복한 까닭입니다

당신이 행복했으면 좋겠습니다

지난 과거에 아파하지 말아요
누구나 가슴에 말 못 할 사연들 있어요
누구도 아픔을 말하지 않는 것은
누군가 쏟아 놓으면
아픈 세상이 될까 하여

드러난 노두를 파버리면 시원하겠지만
파낼수록 바위가 깊이 묻혀 있어
어쩔 수 없이 흙으로 묻어 두는 것처럼
지난 과거는 묻어 두는 것이랍니다

먼 미래를 걱정하지 말아요
어떻게 되겠지 방치하자는 것은 아니지만
오늘 성실히 살고 있다면
살아온 만큼의 삶이
그대를 기다려 줄 테니까요

그러니 그대여
지나간 일에 발목 잡힌 과거도
멀리 있어 발목 잡힐 미래도
열정으로 채운 오늘이 있다면
하루하루 덮어가는 길 위에
그대는 한 생이 행복한 사람입니다.

단풍의 반란

붉은 낙엽은 피멍으로
노란 낙엽은 고름 찬 마음으로
찢긴 낙엽은 그 태풍을 받아 내느라
못 잊을 계절에 곧잘 심술을 부리면

우리는 나의 웃음에
어떤 이의 눈물이 젖어 있지 않았나
한 번쯤 돌아볼 테요

질투도 시기도 근원이 있었을 테니
내 잘못이 없어도
그대가 무엇을 잘못하지 않아도
찬바람에 저 혼자 쓸쓸히 지는 낙엽

스치는 가을 사랑
끼어들지 못하고 외진 변방에서
가슴 쓸어내리는 멍울진 고독

밤새 찬 이슬이 단풍의 뺨을 스치면
푹 꺼지는 한숨 할 말을 삼킨 저 먹먹함
알 수 없는 단풍의 속울음 어이할까

빛과 어둠

어둡다고 고개 숙이지 마라
밝음도 혼자서는 빛나지 못하니
새벽녘에 동트는 것을 보았더냐
어둠과 밝음이 맞닿을 때
비로소 빛이 만들어진다

그늘에 있다고 서러워 마라
그늘은 언제나 비켜가는 중이고
햇살이 세상을 고루 비추면
음지가 양지되고 어둠이 밝음 되는 것을
우리는 이미 알고 있다

바른손이 옳은 일을 하려고 해도
왼손이 맞장구를 치지 않으면 힘들고
바른손 힘이 아무리 좋아도
왼손이 돕지 않으면 무거운 짐을
보고만 있는 것도 우리는 알고 있다

슬픈 그대여!
그대 눈물방울이 뺨을 지나
입술에 닿을 때면 눈물은 마르고
그대의 입가에 미소가 번질 테다

사람들이 하는 말

열등감이 강한 사람은
비난하고 헐뜯는 소리만 하고
조급한 사람은 자기 말만 해대고
오만한 사람은 다른 사람 말은
귓등으로 듣는다

두려움에 갇힌 사람은
무조건 안 된다고 부정적인 말만 하고
분노를 품고 있는 사람은
별일도 아닌데 소리부터 질러 댄다

속이 빈곤한 사람은
부풀리고 과장되게 말하고
앉은 자리가 불안하면
그릇된 일 매사에 남 탓하기 일쑤다

겸손한 사람은 과장되지 않고
여유로운 사람은
다른 사람 말을 잘 들어 준다

담대한 사람은 사실을 말하고
행복한 사람은 희망적이고
힘을 주는 위로의 말을 건넨다

수선화

담녹색 물빛은 차란차란한데
호수에 잠긴 그렁그렁한 눈망울
언제부터 거기 있었나요
꽃잎에 맺힌 긴 한숨
이슬도 무거우면 툭 떨어지듯
처연히 흘러내리는 그늘진 마음

무슨 이유로 호수에 앉아
노랑노랑 애끓은 신음 하고 있나요
서늘한 눈매 수척해진 얼굴빛

어쩌자고 마음길을 열어 두었나요
미어지는 마음 일랑 물빛에 삭히고
점도록 부는 바람에
아린 가슴 열어 놓아요
그래도 슬프면 숨어 울어요
수선화 핀 호수는 헤일 수 없는 눈물과
타는 가슴 시나브로 받아 주겠지요

눈물꽃

내가 울어 꽃이 핀다면
열 번은 울 수 있고

내가 울어 네가 행복해진다면
백 번도 울 수 있어

내가 울어 우리 모두
잘 사는 길이라면
천번 은 울지 못하랴

네가 웃어 꽃이 피고
네가 평안해 꽃이 핀다면

울지 않고 웃어 피는 꽃으로
온세상 꽃밭이 되겠네

자리를 지키는 꽃

꽃은 멀리서 볼 때 아름답고
가까이에 오면 향기롭지만
그 꽃은 늘 벼랑에 서 있다
벼랑에서 떨어지지 않으려고
몸을 태워 꿀을 담는다
꽃은 소임을 다하고서야
까만 씨 한 톨 툭 뱉어 놓고
노란 얼굴빛 시들고 잊힌다

저렇게 향기롭기가 힘들고
이렇게 아름답기가 힘든 것을
사람들은 알까

까만 씨를 낳았기에
흔적없이 잊혀도 다시 돌아와
피었던 그 자리에서 다시 핀다
흐드러지게 피었어도
꺾인 꽃은 다시 필 수 없지만
언덕바지 벼랑에 쓸쓸히 피어도
꺾이지 않았다면 다시

여름밤의 유혹

샹들리에 고운 불빛이
뚝뚝 떨어져 내리고
바람에 살랑이는 핑크빛 커튼 너머
향긋한 풀 냄새가 은은하게 퍼지면
맴맴 울어 젖힌 쓰르라미 구애가
이 밤 이다지도 애절하다

손바닥에 얹힌 붉은 와인잔을
더 높이 들어 올리면
새끼손가락 걸었던 언약은
부풀어 올라 붉은 밤을 적신다

도란도란 속삭이는 밀어
속을 짜릿하게 씻어 내리는 와인잔
세레나데 고운 선율에 젖은 드는 여심
은은한 아로마 향초에 머문 시선은
깊어지는 이 밤 곱다시 사랑읍다

뜨겁던 한낮의 여름 노래는
밤이 깊도록 잠들지 못하고
뚝뚝 떨어져 내리는 창밖의 별빛도
감성의 골짜기 따라 흘러 흘러가면
야심찬 달빛도 별님을 읽어 내린다

지독한 여름 사랑

일방적으로 퍼붓는 그 뜨거운 사랑을
감당할 수 없어서 참 힘들었어요
그늘은 잠시요
뜨거움은 한나절입니다
늦밤까지 온몸 휘감던 불같은 사랑은
끝끝내 장대비로 매질하면
수시로 잠을 설치다 부스스 눈을 뜹니다

혹독한 그 매운 회초리는
나약한 나를 단련시키고
그 뜨거운 사랑은 끝끝내
알토란 같은 열매를 주렁주렁 남겼습니다
지구별을 불사르던 그대 그 뜨거운 사랑은
단맛의 열매로 돌아올 거라고
미처 생각하지 못했습니다

살다 보면 혹독한 매질로
하얀 눈물 뚝뚝 떨어진 자리마다
탐스러운 꽃이 피었다는 사실을
우리는 종종 잊어버릴 때가 있습니다
지독한 여름 사랑이 낳아준
가을 들녘이 마냥 평화롭습니다

사랑이 떠나갈 때

사랑은 올 때도 온다는 말없이
어느새 곁에 와 있었지요
소리 없이 다가온 그 사랑은

갈 때도 간다는 말없이
그렇게 떠나가나요

그 사랑이 올 때도
오는 길을 막을 수 없었고
그 사랑이 갈 때도
가는 길을 막을 수가 없네요

그 사랑 곁에서
더없이 웃게 했던 얄미운 시간은
이젠 눈물을 닦아주는
단 하나의 손수건이 되었어요

잠들지 못하는 봄밤

내가 가진 시어 중에
가장 아름다운 시어는 당신입니다
어느 때고 달콤한 글이 적어지는 날에는
가장 먼저 당신의 미소가 떠올라
그 미소를 고스란히 낚아채
우리들의 푸른 추억을 적어봅니다
행복한 글이 적어지는 날에는
당신의 넉넉한 마음이 봄빛으로 차오르면
톡톡 꽃망울 터지는 소리가 들립니다

귀에 익숙한 선율이 가슴을 적실 때
함께 들었던 음원 속으로 들어가면
당신의 콧노래가 있어 그 콧노래에 앉아
하얀 그리움을 적습니다 가로등이 유난히 밝은 날에는
당신의 까만 눈동자가 떠올라 깊어진 동공 속에서
푸른 별을 캐는 늦밤을 천천히 읽습니다
심하게 바람 불던 날에는 깊어진
오해의 벽을 넘지 못하고 그늘진 당신 모습에
멍울이 지면 쓸쓸한 글자가 하얀 백지를 촘촘히 채워도
밤은 가지 않고 부서지는 서글픔은 잠들지 못해
이른 새벽으로 달려갑니다

단풍의 속내

이별하는 단풍의 속내를
알 수는 없다마는 저렇게 물들어 갈 때는
속삭이는 햇살 흔드는 바람
쏟아져 내리는 눈물이 비가 되어
한없이 방황했던 계절이 있었다

곱게 물든 단풍 외진 그늘에는
찢기고 벌레 먹어 피멍 든 단풍이
아린 마음으로 붉은 각혈을 토하고 있었다

툭툭 탯줄 자르는 저 소리
고봉같이 쌓여가는 수많은 사연
보내는 마음도 떠나는 마음도
어느 묘지 앞에 서러워 울고 있는
영원한 이별의 긴 그림자같이

아낌없이 힘껏 사랑하고
제 할 일 다하고 떠나는 이별은
미련이 덜 하겠다만
이내 다 하지 못한 빈 손
바라만 보다가 놓쳐버린 사랑이여!
애닯은 이별이여!

한 해를 보내며

연초에 다짐한 마음은
어느 시점 안개처럼 흐려지고
경전을 읽어 내리고 성경을 품어도
누누이 다짐한 기도는 말뿐이었을까
내려놓고 비워라 자비를 외치고
용서하고 이해하라 은혜를 외쳐도
두 손에 쥐고 있던 욕심덩이가
근심으로 실망으로 남기도 했습니다
사랑하라 사랑하라
열 번을 쓰고 백 번을 읽었어도
말처럼 쉽지 않은 옹졸함이
한 해가 다 가도록 발목을 잡습니다

거창하고 화려한 말과
웅숭깊은 공부가 머리에 남았다 해도
따뜻한 가슴이 없다면 무슨 소용일까요
명예를 얻고 부를 얻고 출세를 했어도
가족과 주변에 축하받지 못한다면
겉모습은 화려해도 그 속은 그늘이 내리고
편견과 오만에 갇힌 헛헛함뿐입니다
그저 두 다리 쭉 펴고 따뜻하게 누울

자리가 있고 구수한 된장찌개 올려놓은
소박한 밥상을 마주할 가족들이 있다면
세상에 뭔들 부럽겠습니까

나의 어머니

척박한 땅 일구느라 지문이 닳은 손
거북이 등껍질같이 거칠었어요
부지런히 살아라 땅은 거짓말 안 한다
심는 대로 거두는 약속의 땅을
사랑했던 어머니 나의 어머니
쓴 내 나고 단내 나는 척박한 땅에서
묵힐수록 단맛이 우러나는 매실청 같이
가온들찬 들녘에서 단맛을 찾았지요

호밋자루 땀방울에 젖고
퍼붓는 소나기 피할 길 없어도
먹거리 씨앗이 심기면 날이면
힘겨움 대신 콧노래 하셨지요

어머니 거친 손 땅을 쪼아 봄을 심고
어머니 거친 발 고방을 채워도
초근목피 마다않던 어머니 나의 어머니

흙 묻은 몸 배바지 축축해도
자식 품어 안아 젖 물리면
천하에 부러울 것 없다던 나의 어머니
내가 먹고 자란 첫사랑은
당신의 따뜻한 품이었습니다

내 마음의 그릇

마음에 욕심이 가득하면
얼굴에 불만이 나타납니다
가질 수 있을 만큼 욕심을 내면 좋으련만
그 선을 넘으면 화를 부릅니다

채워도 끝없는 마음의 그릇은
때론 후회로 부서집니다
그릇의 크기를 모르고
과욕에 눈멀어 무조건 담으면
그릇이 깨지고 그 무엇도 담을 수 없으니
현명한 사람은 적당하게 담습니다

사람마다 그릇의 크기는
모두 다르지만 내 그릇을 크기는
내가 만들어 놓습니다

노력의 대가로
그릇 속 내용물을 채워도
넘치지 않게 적당하게 담은 그릇은
부족해 보여도 여유가 있어 보입니다

이해하기로 결정했어

시기 질투에 눈멀어
시도 때도 없이 깎아내리는 그대를
고스란히 이해하기로 했어
고막에 염증같이
우우대는 소리가 수시로 들려와도
그냥 덮어두기로 결정했어

이따금 역한 냄새는 코를 막고
들려오는 소리가 시끄러우면
안 듣기로 결정했어

보이지 않는다고
찍어대는 손 글자가 때때로 미우면
조용히 삭제하기로 결정했어
두고 보기에는 내 눈이 고단해
너로 인해 내가 불행해질 이유 없어
나는 오늘 비로소
내 행복만 찾기로 결정했어
나는 소중한 사람이니까

커피 같은 사람

차가웠던 마음을 따뜻하게 녹여
가슴을 데워주는 그대
한 모금의 커피 향은
복잡한 생각을 싹 씻기는
보약 같은 사람입니다

달콤함이 그리울 때
사르륵 녹아드는 설탕 같은 사랑으로
가슴 가득 단맛을 채워주는 그대
사랑스러운 선율이 흐르면
으레 찾는 커피향 같은 사람입니다

노곤할 때 한 모금의 카페인은
심장을 뛰게 하고 생기를 불어주니
더울 때는 시원해서 감싸고
추울 때는 따뜻해서 두 손으로 꼭 감싸는
그대의 허리춤 같은 커피잔
수시로 탐해도 좋을 사람입니다

새해 첫날

오라 오라 희망이여!
모두 버리고 오라 했지요
자만도 욕심도 질투도 미움도
정갈한 마음이 아니면
마주할 수 없다고 했었지요

가라 가라 절망이여!
어두웠던 그늘은 싹 보내고
힘겨웠던 날들은 훌훌 털고

오라 오라 사랑이여!
따스한 마음으로 은혜도
믿음도 소망도 가득 채워 오라 했지요

가라 가라 미움이여!
어제의 실패와 실수를 딛고
새 마음 새 다짐 하라 했지요
날이 날마다 내 마음 정원에
계절 꽃 피어날 수 있게
분무기로 물 뿌려 꽃길 열라 했지요

당신이 잘못하는 것

고마웠다는 말을
속으로만 생각하고 말하지 않는 것
감사했다는 말을
말 안 해도 알겠지 하고 덮어 놓는 것

보고 싶다는 말을
먼저 하면 안 될 것 같아
자존심만 챙기는 것

미안했다는 말을
끝끝내 못하는 그 답답한 소통
기다리고 있다는 말을 하면
달아날까 눈치만 보는 것
카톡 한번 못하는 그 무심한 태도

우리 이젠 해 볼까요
너밖에 없어
너만 있으면 나는 행복해
항상 고맙고 감사해
더 잘 해주지 못해 미안해

> 순 우리말 글짓기 수상작

가슴을 데워주던 할머니

시렁에 올려둔 곶감을
바구니에 담아 들고
네오내오없이 옛살비 뜨락
들마루에 둘러앉으면
달착지근한 맛은 녹아들었지요

별을 캐던 맑은 눈앞에
미리내 둑으로 반짝이며 뛰어내리던
별무리와 반딧불 사이에서
발을 구르며 뛰놀던 그 아이

해거름 따라온 풀잎 내음으로
꼬두람이 머리카락을 쓸어 주던
할머니 손가락은 더없이 고왔지요

할머니의 구수한 꼬꼬지 이야기는
에움길 따라 푸르내로 흘러가고
여린 마음 포개어 그루잠 재우던
다솜스러운 할머니 자장가는
시린 나를 따스하게 데워주셨지요

그런 할머니의 한결같은 모습은
가온누리에서 늘해랑으로
아띠들과 바르게 자라고 살기를 바라던
그 마음이 그득그득 차오른 날이면
먼 하늘을 보곤 해요

주석
시렁~막대로 만든 선반
네오내오없이 ~너 나 없이
옛살비~어린 시절살던 곳
미리내~ 은하 강
해거름 ~ 해 질 녘
꼬두람이 ~ 막내
꼬꼬지~ 아주 옛날
에움길 ~ 굽어 가는 길

박꽃 같은 울엄마

5월의 밭이랑에 감자꽃이 하얗게 피면
이랑마다 엄마 얼굴 언뜻언뜻 보인다
머리에 흰 수건 두르고
송골송골 맺힌 땀방울 훔치며
토실하게 살찐 흰 감자 수확하려
풀 뽑고 흙 돋우며 감자 꽃잎 똑똑 따신다
박꽃 같은 울 엄마 감자꽃에 묻히면
앞다투어 핀 야생화 꽃잎들
흰 깃발 죄다 흔들며 봄바람 보내 준다

찔레꽃 이팝나무 아카시아
순백의 그리움이 뭉실뭉실 떠돌면
5월의 산야에는 엄마 목소리가 들린다
흰구름도 마저도
두둥실 산마루에 내려앉아
고향 하늘로 흘러가면 흙 묻은 손 흔들며
저 하늘 어디쯤 보고 계실 울엄마
마음 둘 곳 없어 쓸쓸해지면
양떼구름 한 가닥 잡아타고
남쪽 고향으로 오라시던 울엄마
감자꽃이 필 때면 애타게 불러 본다

순리

꽃은 흐드러지게 웃어도
소리가 나지 않고
향기로 말할 뿐 다투지 않는다
천 개의 곁 가지가
제각각 다른 곳을 보고 뻗어가도
하늘 향해 오르는 나무는
아래로 그늘을 내린다

앞선 약속은 없었지만
어찌 돌고 돌아도
물줄기는 만나게 되어 있고
숲은 아무리 버티어 보아도
바람 부는 방향으로 쓰러지고 만다

제 살 뜯어 새끼를 키우는 소라는
속이 텅 빌 때면 죽음을 알리고
빈 몸으로 물 위로 떠오른다지
단풍잎이 썩어 새잎을 키우듯
눈물이 거름 되어 넉넉한 그늘을 내린다면
더러는 생각이 어긋나도
묵묵히 순응하는 자연처럼
우리도 순리를 따라야 하지 않을까

오선지에 앉은 나비

초판 발행 2025년 7월 25일
지은이 이민숙
펴낸이 이민숙
펴낸곳 오선문예
등록번호 제 2024000028호
주소 서울시 강동구 양재대로
전화 010-3750-1220
이메일 minsook09@naver.com

ISBN 979-11-988410-0-1
값 13,000원

이 책의 저작권은 저자에게 있습니다.
저자와 출판사의 허락 없이 내용의 일부를 인용하거나 발췌하는 것을 금합니다.